Pinta un pato

por Steven Alejandro • ilustrado por Yoshiko Jaeggi

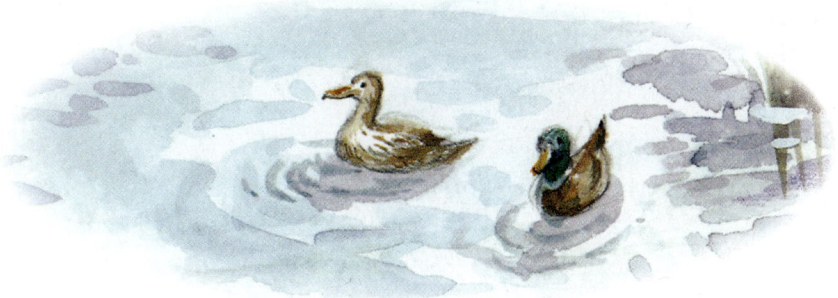

Destreza clave Sílabas con *Pp*

Scott Foresman
is an imprint of

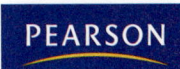

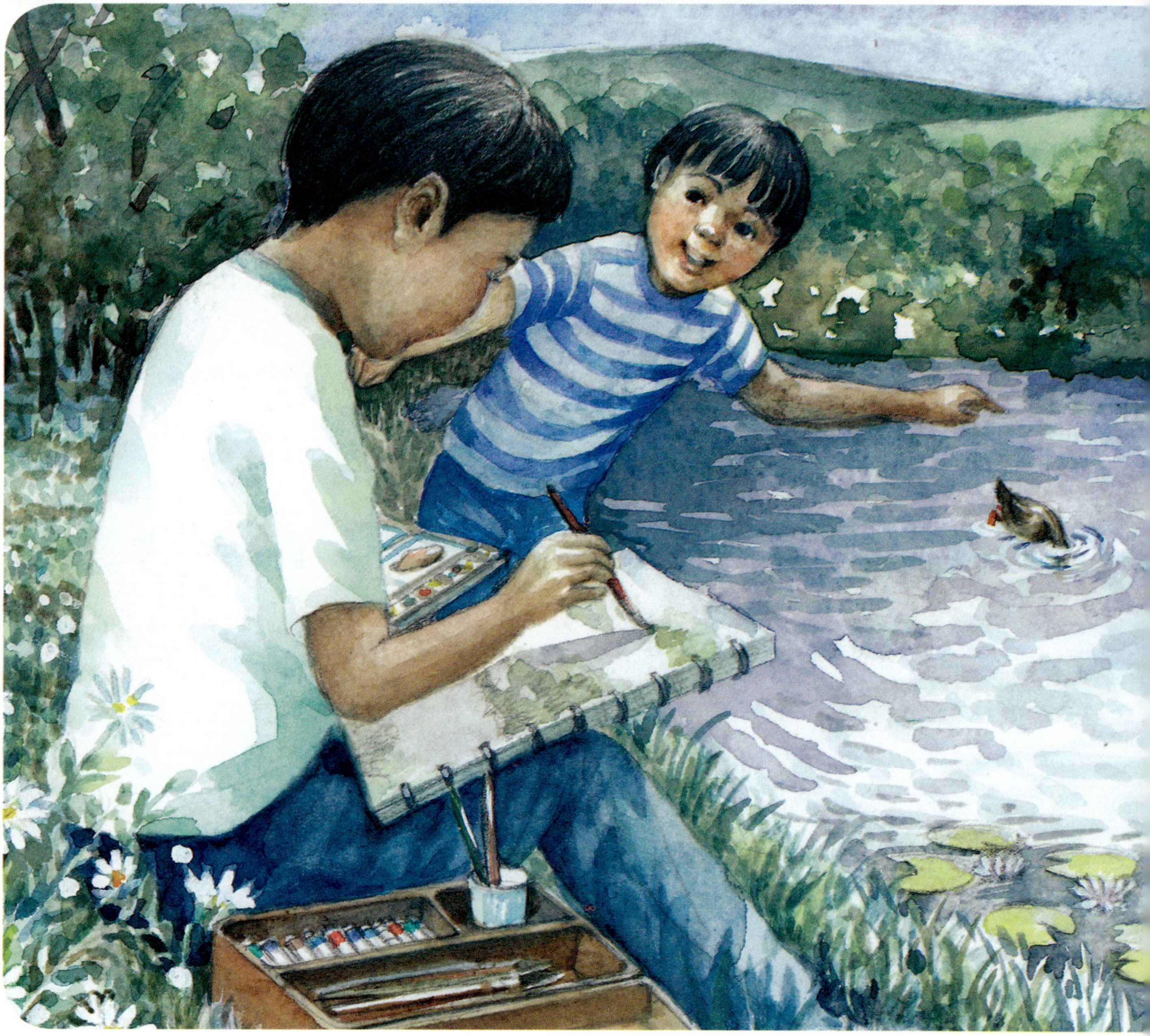

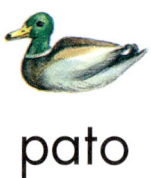

pato

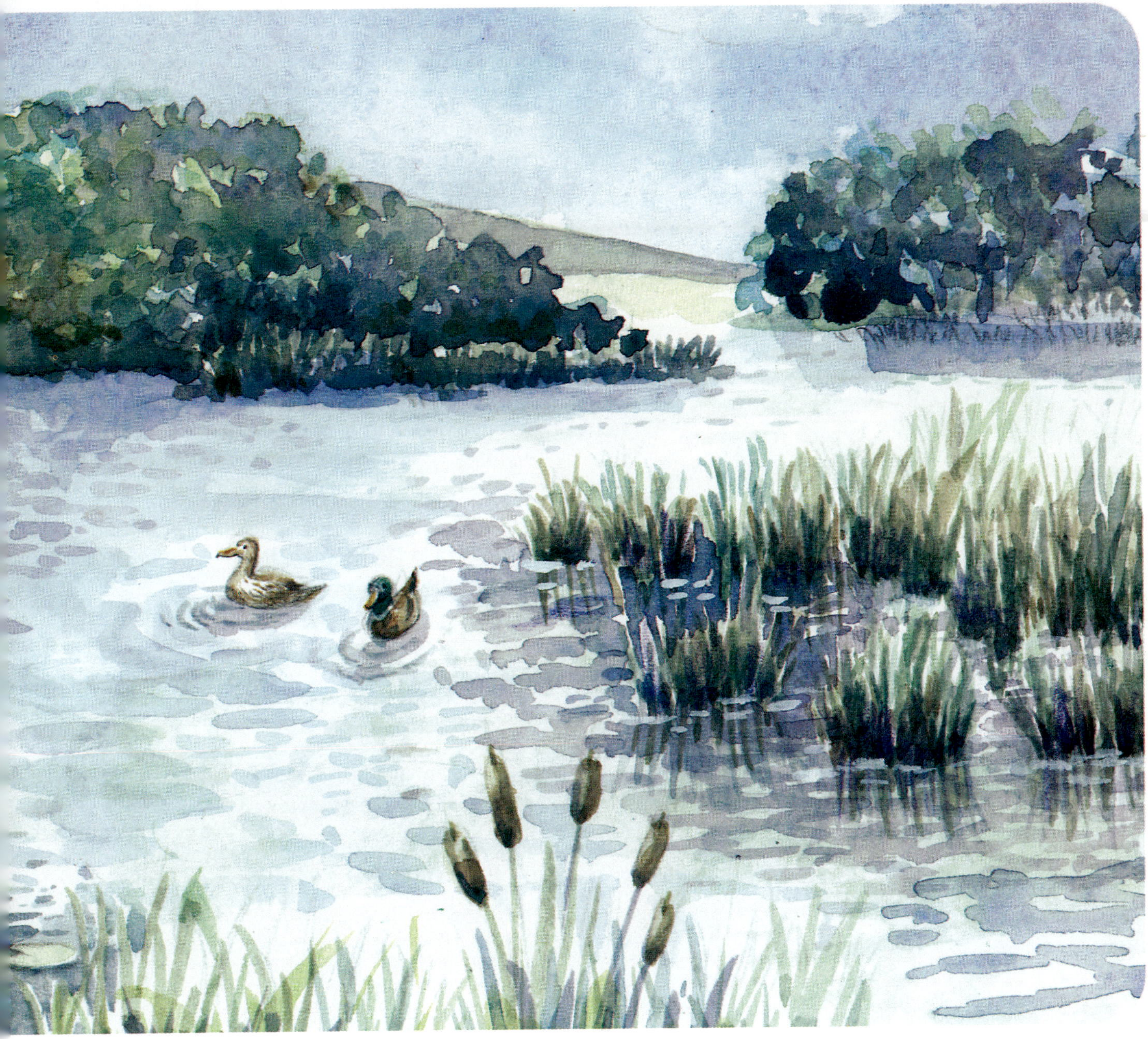

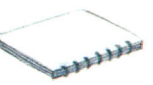

papel

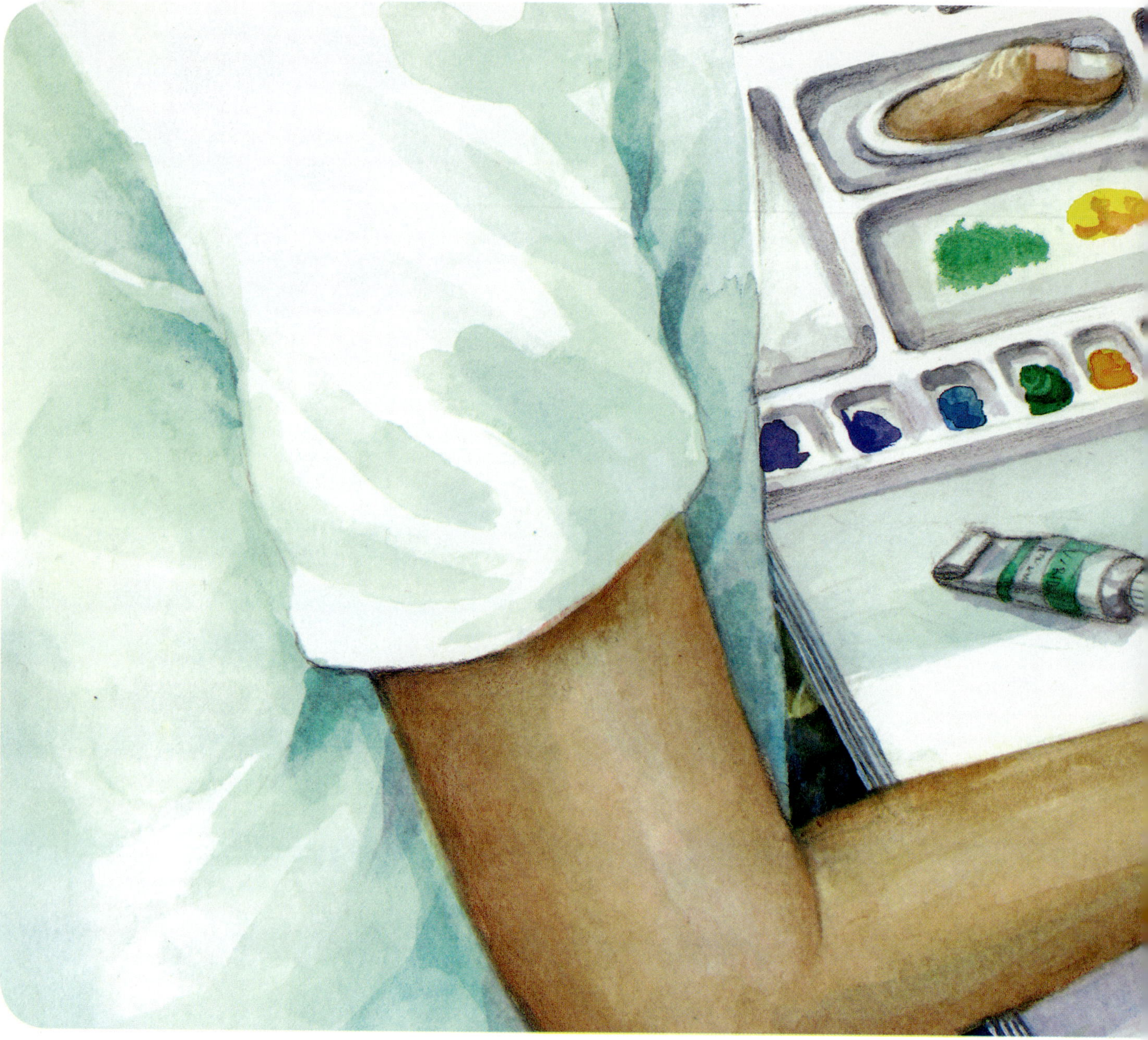

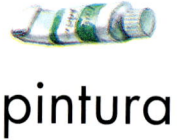

pintura

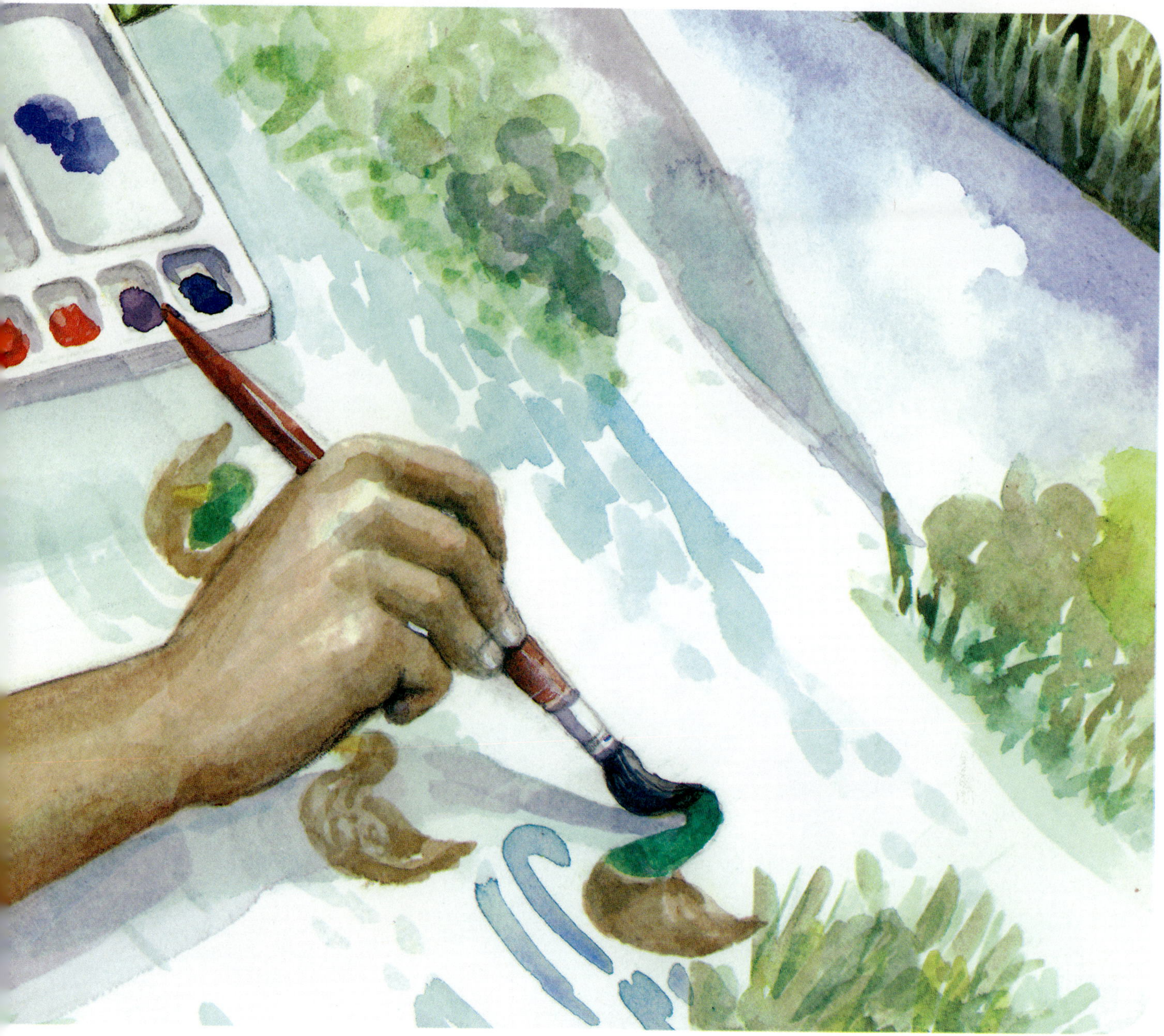

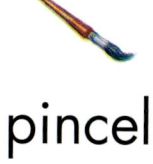

pincel

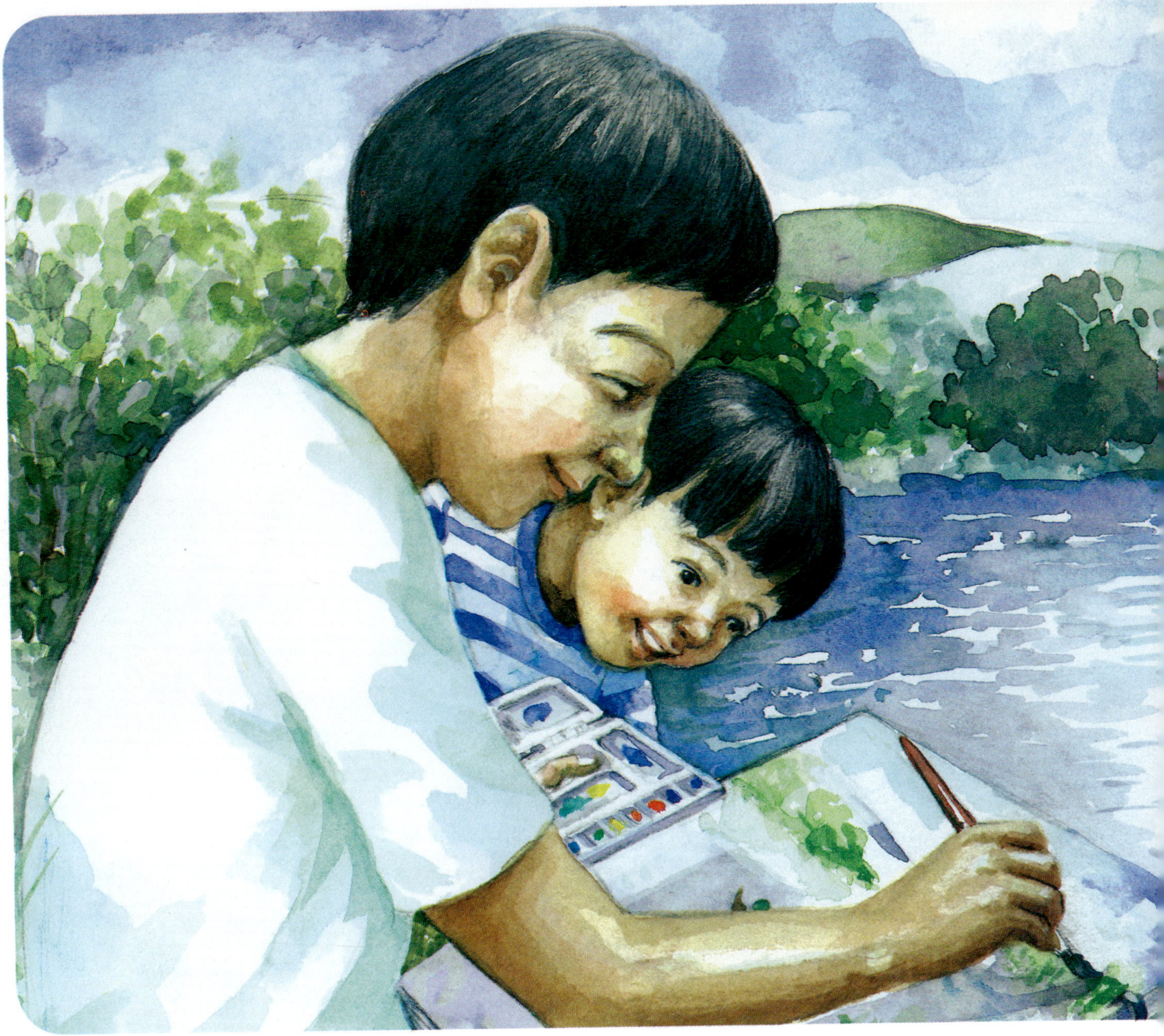

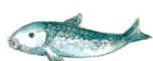

pez

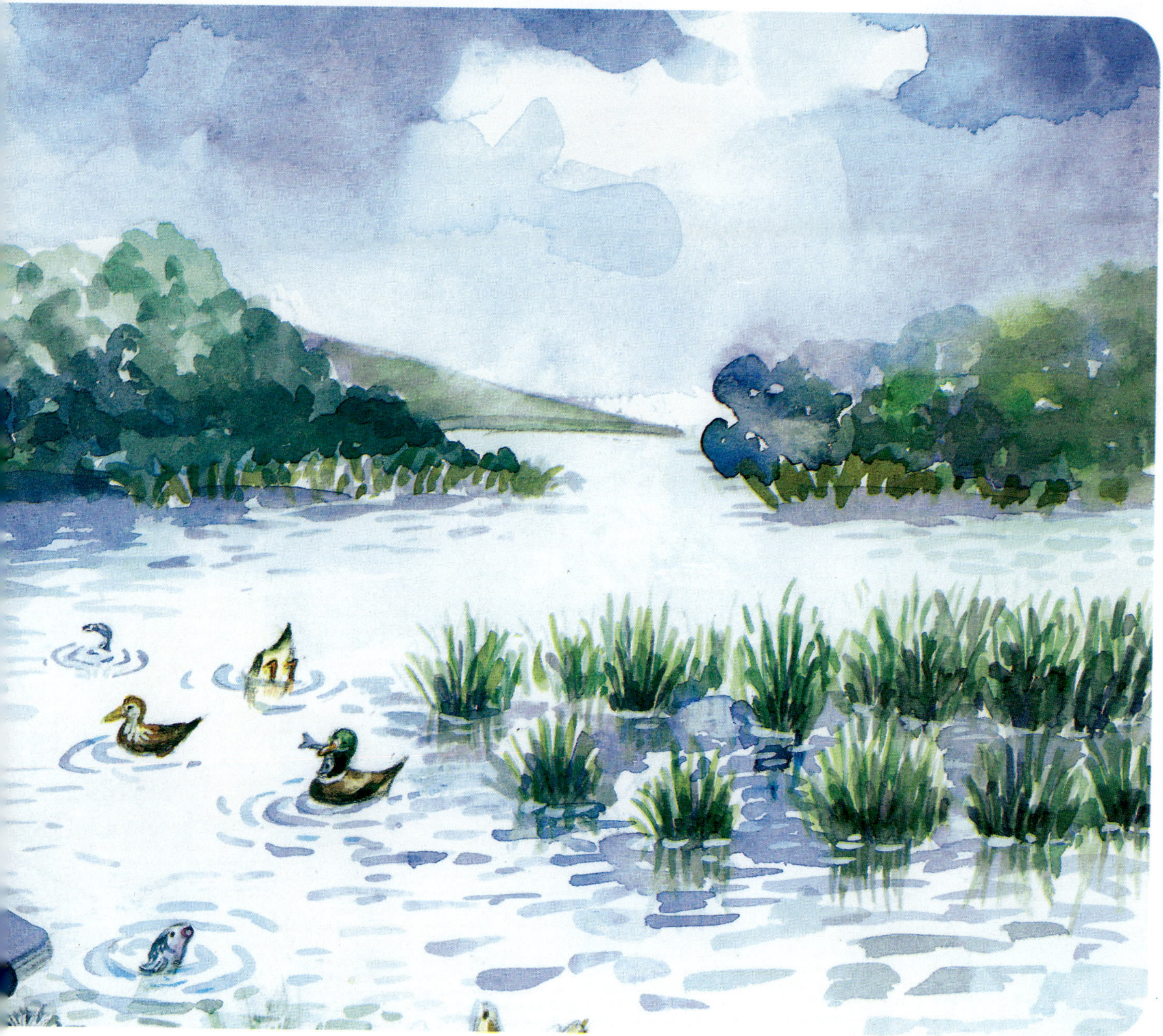

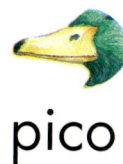

pico

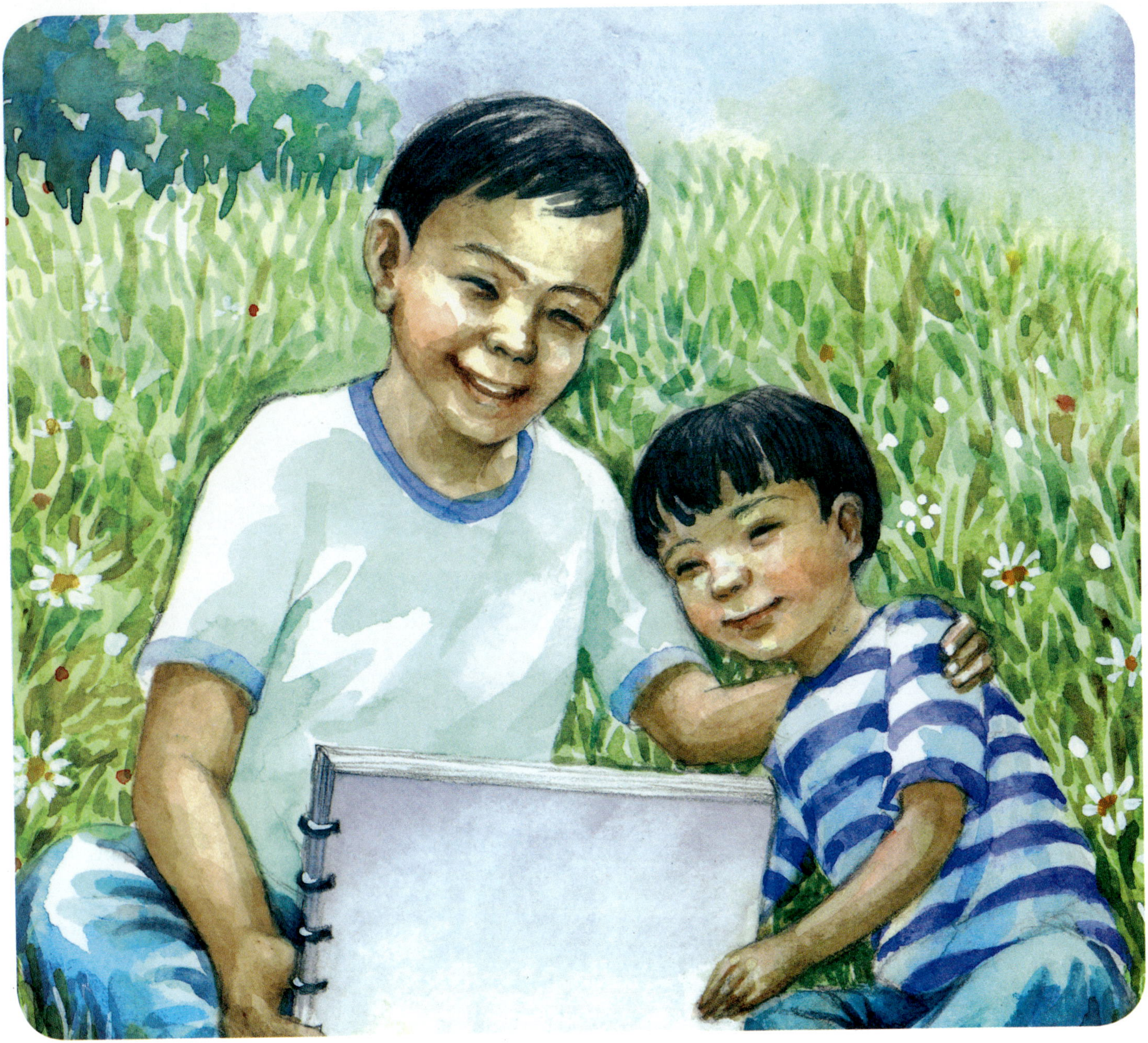

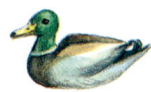 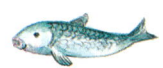 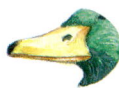

El pato tiene un pez en el pico.